"Para el mundo sermos algo, para DIOS somos el mundo"

ALAIN PUPO

Alain Pupo

CONFIANZA

En Concorde Land Title encontraras el mejor equipo de
profesionales que te ayudara en la compra o venta de tu
propiedad en la Florida. Visitanos o llamanos ya!
Concorde Land Title Services
134 S Dixie Hwy Suite 100
Hallandale Beach, FL 33009
305-356-8403 o 954-658-6010

CONCORDE
LAND TITLES SERVICES, INC

(305) 356-8403

Alain Pupo

AMABILIDAD

CONCORDE
LAND TITLES SERVICES, INC

(954) 658-6010

Alain Pupo

PARA CONSULTAS CON

ALAIN PUPO

LLAMA AL
(305) 343-5456

TAMBIEN
VISITA SU FACEBOOK
ALAIN PUPO
Y
DEJA UN MENSAJE PRIVADO

CLARIVIDENTE

ESCRITOR

FILOSOFO

FILANTROPO

Y

MOTIVADOR

QUE DIOS NOS
BENDIGA A TODOS

SIEMPRE

PIDO

A

DIOS

POR

TODOS

MIS

LECTORES

Este libro no es más que
un sinnúmero de fabulas
que han marcado mi vida
a lo largo de ella, pero en
cada una de ellas
encontré un significado
muy grande para este
transitar por la tierra, y
también una gran
enseñanza.

Estas fabulas son de un gran contenido motivacional y espiritual, que los ayudará a entender el verdadero significado de la vida, pero me atrevería a decirles que les hará ver de manera única lo que nuestro DIOS espera de nosotros.

DIOS tiene una manera singular de dejarnos saber cuál es su plan, y casi siempre es a través de señales como olores, sabores, visiones, encuentros casuales, comentarios, o sea, un sinnúmeros de sucesos que sí les prestamos atención, nos ayudarán a encontrar un significado a algo que estamos esperando.

ALAIN PUPO

"AMEN"

Primera edición impresa, 2016

© Copyright 2016 vi Alain Pupo

Al light reservad

Edición, composición y diseño
interior: Alain Pupo.

Diseño de portada y
contraportada: Alain Pupo.

Foto de portada: Rolando de
la Fuente.

Para información o adquirir
el libro:

(305) 343-5456

www.facebook/alainpupo

www.twitter/alainpupo

www.instagram/alainpupo

www.amazon.com

www.booksandbooks.com

www.barnesandnobles

"*Para el mundo seremos algo, para DIOS somos el mundo*"

"Pues para esto fuiste llamado, porque también Cristo padeció por nosotros dejándonos su ejemplo para que sigas sus pisadas".

(Muchas veces nos quejamos porque las cosas no nos están saliendo bien , y hasta maldecimos , y no nos damos cuenta que estamos echo a obra y semejanza de nuestro DIOS y no solo en cuerpo también en

alma y esto significa que
a veces debemos atravesar
por situaciones que son
dolorosas e injustas pero
debes de recordar que
nuestro DIOS también
las paso, nunca olvides
que el también fue
traicionado , a el también
lo humillaron , lo
empujaron , calumniaron,
arrastraron , golpearon y
crucificaron para hacerlo
vivir el mas horrendo de
los dolores, pero el tenia
el amor en su corazón , y
la fe segura de que
resucitaría .

Y es eso lo que debes tener en este momento, la FE de que aunque estés atravesando por un

dolor muy grande, resucitaras y una nueva oportunidad de vida llegara a tu existencia.

Por lo tanto te digo, sigue adelante sin perder el amor a la FE pues ella es el eslabón perdido que unirá la cadena que te sacara a flote).

"Da en este momento el primer paso para lograr tus sueños"

AGRADECIMIENTOS

En primer lugar y sin duda alguna a nuestro señor 'JESUS' por todo el sacrificio que hizo por nosotros entregando su vida para salvar la nuestra.

En segundo lugar y como siempre a mi linda abuela Aida Pupo por ser mi guía espiritual y gran compañía en este largo momento llamado vida.

A mis abuelos maternos por ayudar a mi madre en mi crianza y enseñarme a luchar por lo que quiero y también por estar presente siempre cuando mas los necesite.

A todos los seres de luz
que desde su dimensión nos
iluminan la nuestra.

A mi amada esposa y
madre de mis tres hijas Nora
Pupo por siempre estar a mi
lado y ayudarme a lograr mis
sueños.

A mis tres lindas hijas
Kathryn (Chichi), Amanda
(Pachí) y Victoria (Tuty) por
hacer de mi vida el milagro
del amor.

A mi madre Martha
Díaz por su amor
incondicional y por entregar
toda su vida a cambio de que
yo viviera la mía.

A mi hermana Laideliz
Pupo, su pareja Sal y mis
sobrinos Tito e Itzel.

A mis amigos Ileana D.
Noa y Jorge Luis Lacera por
patrocinar este libro.

A mi amigo y asistente
principal Ernie Pérez.

A mi cuñada Cecilia por
su ayuda en mi cirugía.

Quiero agradecer a la
tristeza ya que sin ella me
fuera imposible conocer la
alegría.

Agradezco a cada error que
cometí ya que ellos fueron
mis verdaderos maestros.

Quiero también
agradecer a la vida y porque
no también a la muerte ya
que sin ella sufriríamos
mucho.

Sin mas y deseándoles
que disfruten este libro,
puesto que en el puse todos
mis sentimientos y creación.

ALAIN PUPO.

ÍNDICE

ALAIN-------AMEN-------ABUELA

PARA CONSULTAS CON

ALAIN PUPO

LLAMA AL
(305) 343-5456

TAMBIEN
VISITA SU FACEBOOK
ALAIN PUPO
Y
DEJA UN MENSAJE PRIVADO.

PROLOGO

Cuando un día conoces a alguien y te das de cuenta de su sinceridad y valores, a demás de las tantas cosas en común que tiene contigo, es cuando realmente dices; *esta persona va a ser mi mejor amigo y vamos a estar juntos por el resto de la vida*, así me sucedió hace muchos años cuando por primera ves conocí a mi mejor amigo Alain Pupo, hace ya tantos año que ni recuerdo, pero eso no importa, porque desde el primer momento parecía como si nos conociéramos de toda la vida.

Así comenzó esta gran amistad que cada día se torna mas fuerte, yo e sido testigo de muchas de sus luchas, también de sus logros, recuerdo que nunca le tuvo miedo a emprender un proyecto nuevo por difícil que este pareciera, el siempre me decía, *¡tato!*, porque así me dice de cariño*; en la vida para realmente alcanzar el éxito hay que arriesgarse y no tener miedo a dar el primer paso* y créanme que sus palabras me sirvieron de mucho apoyo en la vida, sus consejos los puse muy en practica y de veras hicieron que mi vida diera un giro de 180 grados, pero antes de eso yo por terco pase por muchos aprietos, que después pude darme de cuenta que fue por no hacerle caso desde el principio.

Recuerdo claramente cuando empecé a trabajar con el, mi mentalidad era muy pobre, en ocasiones yo era hasta un poco egoísta, el me aconsejaba constantemente, hasta que un día por fin le hice caso y mi vida cambió.

Créanme que el trabajar con
Alain fue una de las mas
grandes bendiciones que dios
puso en mi camino.

De su familia les cuento que
son increíbles, empezando por
la esposa que de cariño la
llamamos (mima), sus tres hijas
son muy bellas, alegres y
ocurrentes, ellas me dicen tío,
eso me pone muy contento ya
que en este país no tengo
sobrinas, solo tengo una de
sangre y está en La Habana
Cuba, les comento con mucha
alegría que la perrita de su casa
de nombre Pochita, en
ocasiones cuando la familia se
va de viaje ella se queda
conmigo, es un animalito que
créanme lo que les digo;
cuando me ve, en ocasiones
hasta en el mismo día se pone
como si hubiera meses que no

me veía, es también muy cariñosa como toda la familia Pupo.

Recuerdo que en una ocasión en que yo vivía en la ciudad de Hollywood Florida me enfermé con una fiebre muy agresiva hasta el punto de que los antibióticos que el doctor me mandó no me aliviaban, recuerdo haberlo llamado y hacerle el comentario de mi padecimiento, en ese momento me dijo: _tato ya es de noche, pero mañana amaneciendo salgo para tu casa_, yo le dije que no hacia falta y aun mas porque en aquellos tiempos el vivía en la ciudad de Orlando Florida, a mas de cuatro horas de donde yo vivía. Pero fue en vano, porque tal como el me dijo al siguiente día aquí estaba, debo confesarles que eso me llenó de mucha alegría y orgullo, pues hacia tiempo que no lo veía, debido a que mi trabajo de ese tiempo era muy duro y se me imposibilitaba viajar.

Se acuerdan de la fiebre que les hable, pues les cuento que desapareció como por arte de magia, Alain me hiso unos rezos con sus manos puestas sobre mi cabeza, luego me dio su bendición, estuvo unas cuantas horas y al anochecer se marchó, ¡esa visita fue milagrosa!, créanme amigos que les digo la verdad, al siguiente día ya me encontraba cortando el césped de mi casa y jugando con mis hijos, de veras que fue algo increíble.

En la actualidad trabajamos juntos, yo prácticamente soy como su mano derecha, lo ayudo en todo lo que pueda y este bajo mis posibilidades, entregando siempre lo mejor de mi; yo siempre le digo: *Tatico*: *usted ocúpese de ayudar a las personas necesitadas como lo ha estado haciendo siempre y déjeme a mi que yo me ocupo de lo demás*, el simplemente se ríe.

Compartimos algunos hobbies en común, uno de ellos son los autos deportivos, en lo único que no estamos de acuerdo es en las marca, el prefiere el Dodge Chállanger y yo el Mustang Cobra, porque fuera de yo trabajar para el, por encima de todo somos muy amigos.

Espero que puedan disfrutar este increíble libro y sacarle las ventajas de lo positivo como lo icé yo, con la bendición de haber conocido a este

maravilloso ser humano que
hoy es mi guía, consejero,
motivador, maestro y sobre
todas las cosas mi mejor amigo.

Ernie Pérez.
Asistente Principal de este
ángel llamado Alain Pupo.

FABULAS

DEL

CAMINO

FABULA # 1

"El rey y la comida"

Había una ves en una lejana
tierra donde habitaba un justo
y noble rey, el cual su misión
numero uno era mantener feliz
y sin problemas a toda su
comarca, un día se entera que
en el pueblo habían algunas
personas que no estaban
portándose bien y poco a poco
iba recibiendo cada ves mas
quejas de ciudadanos que
habitaban en su reinado.

El rey le comenta a su hijo que quiere preparar una gran fiesta para todas las personas que habitaban en la ciudad, pero que quería que fuera el quien preparara el festín, para eso el rey le pide a su hijo que primero prepare la comida mas mala que el considere para las personas mas malas de su reino, que sirviera solo lo que el considerara podía ser la peor comida para las peores personas del pueblo; entonces el hijo le dice:

_Cuenta con eso padre ¿Para cuando quieres esa terrible comida?,

Alain Pupo

'Para el próximo Viernes en la tarde hijo'.

Llega el día señalado y desde muy temprano se sienten las campanas en el castillo real, el rey contento y al mismo tiempo asombrado de ver tantos carruajes llegar, se asoma y ve a su hijo entrando con un sinnúmero de fieles y todos cargando unas bandejas de plata decoradas con diamantes y piedras muy finas, que uno por uno iban poniendo sobre la mesa, el rey se dirige a todo correr por el pasillo, ya que le intrigaba mucho que tipo de comida había ordenado preparar su hijo, para las personas mas malas del pueblo, tal como el

le había pedido; llega a toda
prisa y abre la primera
bandeja y para su sorpresa se
encuentra que habían cocinado
nada mas y nada menos que
lenguas estofadas en ají rojo
con una deliciosa salsa hecha
con el mejor de los vinos, el
rey sorprendido le dice a su
hijo:

¿Esto es lo que tu
consideras es la comida
mas mala para las
peores personas de mi
reino?

_Si padre,
efectivamente, para mi
esto es lo mas malo.

'Esta bien hijo yo
respeto tu elección'.

Terminando el banquete
el viejo rey llama a su único
y buen hijo y le pide otro
deseo:

'Ahora quiero que
hagas lo mismo, pero
esta ves, quiero que lo
consideres y prepares la
mejor de las comidas,
para las personas mas
buenas de mi comarca'

El hijo obedeciendo
le pregunta:

_¿Para que día lo
deseas padre?

'Para el próximo
Viernes a la misma
hora'.

_*Como quieras
padre mío.*

*El Viernes en la
mañana el rey vuelve a sentir
las campanas de bronce del
castillo resonar a todo eco; se
asoma por una de las
ventanas de su imperial
dormitorio y ve a su hijo
nuevamente con bandejas
adornadas de diamantes y
muchos fieles acompañándolo,
el rey llega rápidamente al
comedor y las abre, queda
sorprendido cuando para su
sorpresa descubre que
nuevamente su hijo había
ordenado como plato principal
lenguas en ají rojo con la
salsa del mejor vino, el viejo
rey y apasionado padre le dice*

esta ves:

'Hijo creo que en esta ocasión si te equivocaste en tu elección'.

_¿Pero por que papa?

Porque esta ves te pedí la comida para las personas mas buenas de mi reinado, pero solo para las mas buenas, de verdad yo quería que me sorprendieras con lo que tu consideraras fuera la comida que mas bien nos hiciera sentir y me trajiste la misma.

_No padre,

téngame fe que yo no me equivoque, el problema es que esta comida es la que yo considero la mejor.

'Pero si la semana pasada te pedí me trajeras comida para las malas personas que nos rodean y me trajiste lengua también' o ¿no recuerdas?

_Si padre pero no fue una equivocación, mas bien fue mi decisión ya que yo estoy mas convencido que. Una lengua amiga te levanta, te ayuda a salir adelante, te construye y glorifica. Pero en cambio, una

*lengua enemiga te
destruye, te mete en
problemas, habla lo que
no debe, en otras palabra
te puede hacer mucho
daño.
El viejo rey queda muy
sorprendido y orgulloso
de su hijo por esta
magistral respuesta,
llena de tanta enseñanza.*

¡Que dios me los bendiga!

Zona de Reflexiones

Por Alain Pupo

"Tu palabra es sagrada ya que con ella le hablaras al DIOS que vive dentro de cada persona"

FABULA # 2

"Águila o gallina"

Esta es la historia de una
señora que pasa frente a un
gallinero y mirando las
gallinas se da cuenta que hay
algo extraño entre ellas y se
dice a si misma:

'Creo que eso que esta
junto a esas gallinas es
un águila, pero eso no
puede ser, se las hubiera
comido'.

En ese momento ella ve a un viejo campesino que se acercaba cantando mientras dejaba caer granos de maíz para alimentar a estos animales.

'Señor, señor, me encantaría hablar con usted', ¿me pudiera atender un minuto y perdone que lo este interrumpiendo?

_Hola bella joven, déjeme aclarar que usted a mi no me interrumpe, al contrario hacia ya mucho tiempo que no veía una flor por estas tierras

La joven se sonríe y le

parece fascinante este alegre
y coqueto señor que ya
rondaba los 80 años.

'Me gustaría hacerle
una pregunta:
Esa ave que esta allí la
mas grande, la del cuello
blanco'

¿Es un águila verdad?

_No joven esta usted
confundida, esa es una
gallina, como cree que va
a ver un águila entre
estas gallinas, se las
comería sin pensarlo o
ya se hubiera marchado.

'Eso creo yo también,
pero tengo que discrepar
con usted y decirle que

estoy muy segura que esa ave no es mas que un águila real y para demostrárselo le pido que hagamos algo'.

¿Qué desea hacer usted?

'Le voy a dar $100.00 dólares si usted me permite subirme al techo del gallinero y lanzarlo desde esa altura para que ella vuele y así veamos que si es un águila'.

_Bueno si usted quiere hacerlo hágalo, pero le aseguro que perderá su dinero.

La señora se sube al techo

del gallinero y lanza al animal que cae directo contra el piso; se levanta aturdido se sacude y sale caminando empezando a comer maíz, el señor se ríe, y le dice:

_Viste que no era un águila..

Entonces ella un poco desconcertada le responde:

'Te doy $500.00 dólares si ahora me deja subirlo al copito de ese árbol para dejarlo caer desde allí y entonces si podamos ver que tengo la razón'.

El señor le dice:

_ Joven yo creo que usted tiene ganas de perder dinero hoy y gracias a San Isidro el Labrador e sido yo el elegido para ganarlo, pero quiero que sepa que lo perderá nuevamente, deme el dinero y hágalo.

La mujer toma el animalito, se sube al árbol, lo mira a los ojos y le dice:

'Óyeme bien, yo se que tu eres un águila, así que vuela'...

Y lanza el animal desde esa altura, cayendo este contra la tierra nuevamente, pero esta ves se levanta un poco mas aturdido y dando tumbo se

SAINTMARIS CORP
7360 CORAL WAY STE 14B
MIAMI, FL. 33155-1420
305-267-0117

SALE

REF#: 00000003

Batch #: 310
10/29/17   12:11:22
APPR CODE: 011123
Trace: 3
VISA   Chip
************6968   **/**

UNT $29.98

ROVED

AMO

APPR

VISA DEBIT
AID: A0000000031010
TVR: 80 80 00 80 00
TSI: 68 00

THANK YOU

marcha a unirse con las demás Gallinas.

El señor empieza a reír y le dice:

_Se lo dije que está perdiendo su dinero.

A lo que ella claramente molesta le responde:

'Mire que no, yo no me daré por vencida estando tan segura de que tengo la razón y es por eso que ahora le propongo darle la suma de$1000.00 Dólares si permite que me lleve a su supuesta Gallina a la cima de aquella montaña para soltarlo desde allá arriba.

_Señora es usted muy caprichosa, va a perder su dinero nuevamente y terminara matando a mi gallina'.

Ella muy molesta le entrega el dinero al señor, toma fuertemente al animal y sube a lo mas alto de la montaña, tomando a la Gallina entre sus manos le grita:

'Ahora si estas en un grave problema, porque desde esta altura si no vuelas te morirás y mirándolo fijamente de un tirón lo lanza al vacío gritándole'...

Alain Pupo

¡Tienes que volar porque tu eres un águila!

El animal va cayendo cuesta abajo tratando de aletear y cuando está como a unos metros del de la tierra, abre fuertemente las alas y rompe a volar, se veía imponente, media mas de un metro de ala a ala efectivamente era un águila y no cualquiera, era un Águila imperial Americana escondida dentro de aquella imagen de Gallina.

¡Que DIOS los bendiga!

Zona de Reflexiones

Por Alain Pupo

"Todos tenemos en nuestras manos la decisión de ser o gallina o águila, saquen el águila que está dentro de cada uno ustedes"

FABULA # 3

"El arquitecto"

Esta historia narra la vida de un joven de familia muy humilde, pero sus padres con mucho sacrificio pudieron pagarle los estudios en una prestigiosa universidad, donde pudo estudiar la brillante carrera de arquitectura; pero sucede que esta universidad era para familias ricas donde todos los estudiantes hacían derroche de todo el poderío económico de sus padres. Este joven brillante termina su carrera y se gradúa con honores, siendo el estudiante de mejor calificación; al graduarse se va a la calle donde intenta rápidamente comenzar a trabajar.

En aquella época se estaba derrumbando el Real Estate con las ventas de casas y las construcciones estaban detenidas, por lo tanto a este joven recién graduado se le asía imposible conseguir trabajo. Uno de los amigos que estudio con el en la universidad que si era de una familia muy pudiente se da cuenta que su amigo pobre no conseguía trabajo y lo contacta para ayudarlo, le comenta que tenia un terreno muy bien ubicado en una céntrica ciudad y que quería construir una casa grande en dicho terreno y que le podía dar $500.000 dólares en efectivo para que el se hiciera cargo de la construcción de esa casa en su totalidad.

_Quiero que tu me construyas una casa poniendo en ella todo ese talento que tu tienes. Quiero que haciendo honor a esa *A* que siempre sacabas en la universidad en cada examen, me construyas una casa que su diseño salga únicamente de tu cabeza, constrúyela tal *como a ti te guste.*

El amigo millonario se retira dejando a este joven recién graduado feliz por la oportunidad de tener un trabajo.

Ala siguiente semana y ya con los permisos aprobados comienza la construcción de la casa.

Pero sucedió que al pasar el tiempo este joven arquitecto empieza a discutir con el mismo diciéndose en vos alta:

¿Que hago con el presupuesto que me dieron?

'La casa que tengo en

mente costaría aproximadamente lo que mi amigo me dio, pero si la hago de esa manera no voy a ganar ni n centavo, aunque el de seguro me va a pagar cuando termine y se la entregue, pero creo que sería mejor comprar materiales mas baratos y de esa forma me va a quedar algo de ganancia, se que puedo comprar el cemento mas barato, también los bloques y las herramientas, en fin todo lo que se necesite para construir una casa lo podre resolver a muchísimo mejor precio'

Justo siete meses después

de haber comenzado termina
de construir la casa y es
entonces cuando el amigo
viene a verla por primera ves
y le dice sorprendido:

—¡Wow maravilloso!
—De verdad que me
dejas sin palabras, esto
me demuestra que no fue
mentira que fuiste el
numero uno en la clase
de arquitectura,
¡En serio asistes algo
espectacular, no tengo
palabras, te quedo muy
linda y original esta
propiedad!

En ese momento el amigo
millonario saca un sobre y se
lo pone a su amigo arquitecto
en la mano diciéndole:

_No hay problemas,
aquí está tu paga...

El arquitecto toma el sobre y
al abrirlo ve que solo contenía
una llave.
A lo que su amigo le dice
emocionado...

_¡Este es tu premio!
Esta casa que acabas de
construir es para ti, se
que eres pobre y en la
escuela muchas veces te
escuche decir que cuando
te graduaras de
arquitecto y trabajaras
lo primero que harías era
construir una casa para
vivir con tu madre y por
eso se me ocurrió la idea
al verte sin trabajo que

construyeras tu propia casa.

El joven arquitecto queda sin palabras y emocionado rompe a llorar ya que el sabia no había actuado bien y DIOS como siempre , le presento su plan, que lo dejaría marcado para siempre.

La enseñanza de esta historia, es que hay que hacer las cosas de corazón porque si no las haces así, se te pueden virar en tu contra. El que actúa bien termina bien, pero el que mal empieza mal termina, vamos a darlo todo de corazón, tienes que dar lo mejor de ti.
¡Que dios me los bendiga!

Zona de Reflexiones

Por Alain Pupo

"Hacer el bien es labrar un camino de bendiciones"

Alain Pupo

FABULA # 4

"El golf"

Esta es la historia de un
muchacho que era fanático a
jugar golf y un amigo
millonario le cuenta a su
padre que era un gran
aficionado a este deporte, que
este joven era muy bueno en
el golf, pero que era muy
pobre y no había podido pagar
nunca la entrada a un
verdadero parque de Golf.
El padre siendo un gran

64

aficionado también, decide
llevárselo de vacaciones por
tres días a su mansión en una
isla privada la cual también
contaba con un gigantesco
campo de Golf decorado con
fuentes de agua, cascadas,
dos piscinas y un gran
restaurante y así pasar ese
fin de semana jugando con
este muchacho.

Pasan un primer día
fenomenal y un fin de semana
exclusivo y cuando se van a
despedir el millonario le dice
al muchacho:

_¡He pasado un fin de
semana formidable
contigo haciendo lo que
mas me gusta que es
jugar al Golf, estoy tan

contento que quisiera
hacerte un regalo para
que me recuerdes
siempre!

A lo que el muchacho
responde:

'No tiene por que
regalarme nada, yo
también la pasé
fenomenal y si alguien
aquí esta en deuda soy
yo'.

_Esta bien yo se que te
da pena, pero quiero que
me digas algo, ¿Que te
gustaría tener que ahora
no tienes? pídeme algo
sin pena.

'Como yo soy fanático

del golf mee gustaría un
buen palo de golf o algo
que tenga que ver con
este deporte'.

_Pues no te preocupes
que como en dos semanas
te mandare una sorpresa.

El muchacho se va y cuando
esta de regreso en el avión
que lo llevaría a casa, se
viene preguntando:

'Yo conozco a los
millonarios y de seguro
me manda un palo de
Golf de oro macizo con
diamantes, yo se que los
millonarios son así de
exagerados'...

Este joven diariamente iba al

correo y preguntaba si le había llegado algo, por las siguientes dos semanas visitaba diariamente el correo sin recibir nada de nada., al final de la tercera semana ya todos lo conocían en el lugar y al verlo llegar le gritaron:

—¡Te llegó un paquete y creemos que es el que estabas esperando!,

—¡Míralo aquí esta tu sorpresa!

Y para su asombro era una cajita chiquitica, como podría estar un palo de Golf allí adentro, la toma en sus manos y piensa:

'Seguro es un palo de

colección que se desarma
y toma el tamaño que uno
quiera'

La abre enseguida y lo que
encuentra lo deja sin aliento

Era la propiedad de la isla
donde había pasado ese
tiempo con el millonario
incluyendo la mansión y el
campo de Golf privado, toda
aquella propiedad ahora le
pertenecía.

La enseñanza en esta
historia es que nosotros
siempre estamos pensando
pequeñeces, vamos a acabar
de entender que hay que
pensar en grande para triunfar.

¡Que dios me los bendiga!

Zona de Reflexiones

Por Alain Pupo

"Pídele a Dios lo que quieras que el esta esperando que le hables con claridad"

PARA CONSULTAS CON

ALAIN PUPO

LLAMA AL
(305) 343-5456

TAMBIEN
VISITA SU FACEBOOK
ALAIN PUPO
Y
DEJA UN MENSAJE PRIVADO

FABULA # 5

"El presente"

Esta historia trata de un humilde pescador que se encontraba a la orilla del mar donde también se encontraba un millonario sentado, el acaudalado hombre se da cuenta que este pobre pescador en cinco minutos sacaba dos grandes pescados, lo echaba en una bolsa y se iba, al otro día hacia lo mismo, al tercer día, el millonario se dice:

'Déjame ver que es lo
que pasa':

Se acerca al humilde
pescador y le pregunta:

'Señor; ¿porque usted en
cinco minutos coge dos
pescados y se va?

_Es que dos pescados es
lo único que yo
necesito...

¿Y que haces después?

_Llevo los pescados
para la casa me los como
con mi esposa voy al
pueblo me tomo un vino y
regreso a la casa, nos

ponemos a bailar y luego
nos acostamos...

'Pero si tu usaras ese
tiempo con la suerte que
tienes para pescar,
podrías poner una
pescadería, puedes hasta
comprar tus propios
botes, puedes tener una
gran distribuidora,
increíble, puedes hacer
un imperio teniendo tanta
suerte'...

A lo que el humilde
pescador le pregunta:

¿Y que tiempo me tomaría
hacer eso?

Como unos quince años...

Alain Pupo

—¿Perfecto y cuando
sucediera eso que beneficios
yo obtuviera?

'Puedes comprarte una
isla en el caribe, puedes
sentarte a tomarte un
vino a la orilla del mar y
disfrutar con tu familia'.

El humilde pescador lo mira
asombrado y le dice:

—Y para que tengo yo
que esperar quince años
si es lo que estoy
haciendo ahora.

El mensaje de esta historia
es que aprovechen el tiempo
que tienen y disfruten de la
vida, del presente, porque es
lo único que tenemos.

Zona de Reflexiones

Por Alain Pupo

"No vivas pensando en el futuro porque siempre estarás en el presente"

Alain Pupo

EXPERIENCIA

En Concorde Land Title encontraras el mejor equipo de profesionales que te ayudara en la compra o venta de tu propiedad en la Florida. Visitanos o llamanos ya!
Concorde Land Title Services
134 S Dixie Hwy Suite 100
Hallandale Beach, FL 33009
305-356-8403 o 954-658-6010

CONCORDE
LAND TITLES SERVICES, INC

(954) 658-6010

ENTREGA

At Concorde, you'll find a fully bilingual and professional team ready to assist you with the sale or purchase of your next property. Visit us or call us!
Concorde Land Title Services
134 S Dixie Hwy Suite 100
Hallandale Beach, FL 33009
305-356-8403 or 954-658-6010

CONCORDE
LAND TITLES SERVICES, INC

(305) 356-8403

FABULA # 6

"La inocencia"

Un perrito adaptado a vivir
con su amo, contaba con
muchas comodidades como,
un collar muy bonito, sus
alimentos a su hora, lo
mantenían siempre bien limpio
y cuidado y también se ponía
muy contento cada ves que
tenia el privilegio de subirse

al sofá con su amo o compartir la cama con el.

Pero un buen día, el amo se levanta de mal humor, ni siquiera mira al perrito, se prepara el desayuno y se va pero al salir de la casa deja la puerta sin querer abierta, el perrito se entristece mucho, de repente cayendo la tarde el tiempo se pone con un poco de brisas y la puerta se abre, en ese momento el perrito se sale corriendo asustado mirando todo ese mundo que no conocía y era totalmente nuevo para el, atraviesa el parque y se encuentra con otro perro, pero este era uno callejero y le pregunta:

— ¿Quien eres, de donde

vienes y que haces por
aquí?

¡Yo soy el perro del
amo!

―¡El perro del amo!

¡Si y vivo en una casa
tranquilo limpiecito con todas
las comodidades!

―¿Y eso que tienes en el
cuello que es?

Un collar...

―¿Y para que sirve eso?

'Bueno esto sirve para
cuando yo me porto mal
entonces mi amo me
sujeta por el y me

amarra afuera'.

'También cuando quiere llevarme a pasear por el parque me lleva con el collar atado a una correa'.

¿A ti no te gustaría ser un perro del amo?

_No para nada, yo prefiero pasar hambre y vicisitudes pero sin collar, sin nada que ate mi libertad y mis deseos.

La enseñanza de esta historia es que, todo lo que impida tu libre albedrio, actúa en tu contra.

Zona de Reflexiones

Por Alain Pupo

"Que nadie te encadene, el verdadero amo te libero para que nacieras y fueras libre"

PARA CONSULTAS CON

ALAIN PUPO

LLAMA AL
(305) 343-5456

TAMBIEN
VISITA SU FACEBOOK
ALAIN PUPO
Y
DEJA UN MENSAJE PRIVADO

FABULA # 7

"Clavos"

Esta fabula de se desarrolla
en un centro de trabajo donde
el director se da cuenta que
uno de sus trabajadores hacia
muy buen trabajo, pero
trataba muy mal a los otros
empleados. El era genioso y
exigía mucho de mala forma,
el jefe que era un hombre muy
noble al darse cuenta de esto
lo llama y le pregunta:

¿Que sucede contigo,
tienes algún problema?

_No jefe porque, yo
trabajo bien y quiero
rendirle a usted...
Si pero así no me gusta
y no quiero que trates
mal a los otros
empleados. He visto que
tienes muy mal carácter
y creo que debes hacer
un esfuerzo para
cambiar...

_Pero no se como
hacerlo, como podre
cambiar, es algo que está
en mi.

'Mejor para que
entiendas vamos a hacer
una cosa, tu ves esta

puerta que esta aquí, yo
te voy a dar una cajita
con clavos y un martillo,
cada ves que vayas a
tratar mal a un empleado
solo ven calladito y
clava una puntilla en
esta puerta hasta que
pases un día sin tratar
mal a nadie'.

Así lo hace el empleado y
clavando 50 clavos el primer
día ya para el tercero solo
clavo 10 y en una semana
llego el día que no clavo ni
uno.

Entonces fue a donde estaba
el jefe y le dijo:

—¡Ya llevo tres días sin
clavar ni un clavito en la

puerta!

¡Esto quiere decir que ya no has tratado mas mal a nadie!

_¡Si!

'Pues ahora lo que vas a hacer es todo lo contrario, cada ves que le hagas un bien a los trabajadores vienes y sacas un clavito de los que ya clavaste'.

Como ya este ahora buen hombre había cambiado y hacia solamente el bien. En solo dos días ya había sacado todos los clavos, entonces va adonde el jefe y le dice:

_!Llevo solo dos días y ya saque hasta el ultimo clavo!

¡Muy bien!
Ahora dime: ¿Que quedo detrás de la puerta?

_!Nada jefe, porque ya no hay clavos!

¿Y que quedó?

_Muchos agujeritos...

'Pues así queda el alma de las personas cuando tu las lastimas, llenas de heridas y cicatrices muy difíciles de borrar'.

Por eso la enseñanza de esta

fabula es que hagan el bien siempre, porque las heridas que les hacen a otros, te pueden hacer sangrar a ti.

¡Que dios me los bendiga!

Zona de Reflexiones

Por Alain Pupo

"No lastimes nunca a nadie, porque las heridas que les agás a otros, te pueden hacer sangrar a ti"

FABULA # 8

"Las velas"

Hoy tengo una fabula de mis favoritas, en un cuarto de un apartamento en New York y justo sobre una mesa se encontraban cuatro velas encendidas, estaban conversando entre ellas y la primera dice:

_Yo soy la fe, y ya me siento perdida, siento que muchos ya no me tienen, será mejor que me apaguen y se apaga.

La segunda vela dice:

_Yo soy la paz y a veces siento que no me hallo, que no existo, que ya nadie me quiere, por eso será mejor que me apague.

La tercera vela dice:

_Yo soy el amor y ya muy pocos son los que me toman en cuenta, es tan extraño que me hacen sentir que no existo, por lo tanto me voy a apagar también.

En ese momento entra una
niña dulce y bella al cuarto y
dice:

¿Que paso aqui?
Ustedes no tenían que estar
apagadas...
Y fue entonces cuando la
cuarta vela que aun estaba
encendida dijo:

_No te preocupes niña
buena, que mientras yo
esté encendida, podrás
encender a las otras tres
con mi llama, porque yo,
soy la esperanza.

La enseñanza de esta fabula
es que tengan esto muy claro
en sus corazones:

¡Nunca pierdan la esperanza!

Zona de Reflexiones

Por Alain Pupo

"La esperanza es el camino que DIOS señalo para que te encuentres con tu destino"

FABULA # 9

"El rompecabezas"

Esta fabula trata de un
científico que se encontraba
en su casa donde había
construido un pequeño
laboratorio y estaba haciendo
uno de sus experimentos
cuando de repente se abre la
puerta fuertemente y entra su
niñito de cinco años, al verlo
entrar de esa manera el le
dice:

Alain Pupo

¿Hijo mío que haces?

_!Papa quiero jugar contigo!

El padre se queda pensando y
se dice a si mismo:
Mi niño quiere jugar
justo ahora que me
encuentro en medio de
este experimento tan
importante, que puedo a
hacer, el es un poco
intranquilo y me puede
dañar algunos de mis
instrumento.

Entonces el padre decide
hacerle una pequeña trampa al
hijo para mantenerlo
entretenido y tomando una
revista en sus manos le
arranca una hoja donde se
encontraba una fotografía del

planeta tierra, empieza a cortarla en pedacitos y le da todos esos pedazos junto con un tape transparente y le dice:

Hijo mío quiero que me arregles el planeta, aquí te lo estoy entregando en pedazos y quiero que lo armes.

El niño se pone muy contento y sentándose en el suelo empieza a pegar el papel, el padre se sonríe y piensa:

Que inteligente fui ahora voy a estar mas tranquilo por lo menos dos o tres horas.

Para su sorpresa no habían pasado ni 25 minutos cuando el niño le deja saber que había

terminado, el sin mirar se
sonríe y piensa:

*Esto es imposible, será
otro juego de mi hijo...*

Pero para su sorpresa el
niño efectivamente había
terminado y tenía al planeta
armado completamente y
gritando a todo pulmón...

_!Papá, papa arregle al
planeta!

El queda perplejo y le
pregunta a su hijo muy
asombrado:

¿Hijo, como pudiste arreglar
el planeta? No entiendo si tu
ni siquiera lo conoces, ni
siquiera sabes como es su

forma?

_Tienes la razón papá yo no conozco como luce este planeta, pero verdaderamente me di de cuenta que por la parte de atrás de la hoja que me diste, estaba la figura de un hombre y esa si la conozco bien y entonces decidí empezar por armar al hombre y cuando terminé simplemente le di vuelta al papel y vi que el planeta ya estaba arreglado.

¡Por eso amigos siempre tengan esto bien presente! En nosotros está la forma de arreglar el mundo, si mejoramos en nuestro interior y comportamiento, estaremos arreglando la de los demás y por lo tanto ,también a nuestro planeta.

¡Que dios me los bendiga!

Zona de Reflexiones

Por Alain Pupo

"La única manera de arreglar la vida de la persona que tienes al lado, es arreglando la tuya primero"

FABULA # 11

"El pescador"

Un pescador se encontraba plácidamente pescando en su bote cuando de repente es sorprendido por una fuerte tormenta, que lo arrastra a una isla desierta.

Estando ya naufragado en aquella isla se dice:

Dios mío como has permitido que esto

ocurra, ahora me encuentro aquí solo y abandonado y no se que hacer, creo que voy a prepararme un techito para refugiarme y pasar la noche y mañana al despertar intentaré arrancar el motor del bote para ver si me salvo y de esa forma no me quedo aquí donde lo mas probable es que muera de hambre.

Efectivamente al día siguiente al despertar mirando fijamente al universo se dice:

Dios mío voy a intentar arrancar el bote y necesito que me ayudes a salvar mi vida.

Empieza a tratar de arreglar el motor, pero de repente por accidente pega uno de los cables con otro y provoca un incendio, todo se empieza a quemar, también una de las llamas cae encima del techo que el había hecho y se quema completamente y es cuando el pescador ya estando muy molesto mirando al cielo grita:

Dios como es posible que esto me este pasando, te acabo de pedir ayuda y me has quemado el único medio que tenia para salir de aquí y también el techito que me viste hacer con tanto esfuerzo para refugiarme en las noches. En ese momento el siente el

sonido de un motor que se
acerca y al mirar se da cuenta
que son los guardacostas que
se dirigen directamente asía el,
entonces cuando los tiene al
frente les pregunta:
¿Y ustedes como supieron
que yo estaba aquí?

_Por la fogata que encendiste
para avisarnos que estabas en
peligro.

_La enseñanza de esta fabula
es que; Aunque creamos que
estamos en el peor momento,
nunca debemos perder la Fe.
A veces Dios nos los pone
en el camino para ayudarnos
y sacarnos adelante.

¡Que dios me los bendiga!

Zona de Reflexiones

Por Alain Pupo

"Aprendí a tenerle mucha FE y agradecimiento, a los malos momentos"

ℱAℬ𝒰ℒA # 13

"Los quince minutos"

Esta fabula trata de un muchacho joven y fuerte que intentando subir una montaña, alguien le comentó que en la cima de esta podría encontrar a su ángel guardián.

Estando al pie de la montaña observa un cartel que tenia esta advertencia escrita:

Se necesitan tres horas para llegar a la cima y estamos a ocho mil pies de altura sobre el nivel del mar, por lo tanto es sumamente necesario que respeten cada una de las especificaciones que irán encontrando a lo largo del camino a la cúspide de esta montaña.

Entonces con una sonrisa empieza a subir la montaña, por los primeros quince minutos y olvidando las tres horas que marcaba el letrero de la entrada se echa a correr, pero después de un rato siente como que le empieza a faltar el aire, se detiene y piensa:

Esto esta mas difícil de lo que creía, yo regularmente corro de treinta a cuarenta minutos sin parar y en estos momentos con solo quince ya me encuentro muy agotado.

Después de tomar un aire se prepara y empieza a correr, al cabo de los siguientes quince minutos siente que ya sus pulmones no pueden mas y decide detenerse, se siente un poco mareado y piensa:

Yo creo que no voy a poder seguir. Estoy mui cansado pero lo intentare una ves mas.

Alain Pupo

Sale corriendo y quince
minutos mas tarde se detiene
y dice:

Ahora si que no puedo
mas, voy a bajar de
inmediato...

En ese momento viene
bajando un señor muy mayor
apoyándose en un bastón que
lo mira y le dice:

_Tranquilo muchacho,
sigue adelante que estas
mas cerca que nunca...

El joven se dice a si mismo:

Bueno el tiene toda la
razón, si llevo ya 45
minutos corriendo claro
que estoy más cerca,

pero lo que el no sabe es
que ya no puedo mas.

*Tratare de dar otros
quince minutos a ver que
es lo que sucede.*
Y sale corriendo, cuando va
por los siguientes quince
minutos, ve un cartel que
decía con letras muy grandes:

"*Bienvenido has llegado a la
cima de la montaña*"

Esta fabula nos enseña que:

El pensaba que se
necesitaban tres horas para
llegar a la cima porque otros
seres humanos habían puesto
aquel letrero, debido a un
análisis que hicieron con cien
voluntarios que intentaron

subirla en diferentes días,
bajo distintas circunstancias.

Pero el con su condición
física lo pudo superar.

¿Por que nos dejamos guiar
por los letreros que ponen en
nuestros destinos?

Tenemos siempre que dar
esos últimos quince minutos,
porque tal vez en ellos esta el
triunfo que tanto hemos
esperado, ese encuentro tan
verdadero con tu destino, con
tu ángel de la guarda.

¡Que dios me los bendiga!

Zona de Reflexiones

Por Alain Pupo

"Recuerden que no todos somos iguales, ni enfrentaremos los mismos desafíos, por lo tanto enfrenta tu vida tal como tu eres y no como los demás quieran verte"

FABULA # 14

"El niño"

Esta es una fabula muy motivadora y transmite una enseñanza muy grande.

Trata de un padre que se encuentra jugando con su hijo en la sala de su casa, cuando de repente tocan a la puerta, el se dirige a esta y la abre, era su padre y abuelo del niño que le grita entusiasmado:

¡Abuelo que bueno que
nos visitas quieres jugar
con nosotros!

_Si mi nieto querido
pero primero me gustaría
decirle algo a tu padre.

_Hijo como sabrás tu
mamá murió hace dos
meses y me siento muy
solo, estoy muy enfermo
y quisiera quedarme con
ustedes el poco tiempo
que me queda de vida,

¿si no te es
inconveniente a ti y a tu
esposa por supuesto?

No es problema padre,
pero como sabes mi casa
no es muy grande y me

será un poco difícil
determinar donde podrás
dormir, aunque yo tengo
en le patio una casita
que la uso para la
secadora y la lavadora y
creo la podre
acondicionar para que tu
vivas allí.

A lo que el padre responde
muy feliz..

_!Por mi encantado yo
estando cerca de ti y de
mi nieto soy muy feliz!

En ese momento el joven
padre se dirige a su hijito que
atentamente los escucho
hablar y le dice:

Hijo sube a tu cuarto y

tráeme una cobija para que tu abuelo se tape en los momentos de frío ya que a partir de este momento el se quedará a vivir con nosotros y vivirá en la casita del patio...

El niño se va corriendo y regresa con la cobija que su padre le había pedido, pero también junto a ella sostenía en su mano una tijera, pone la cobija en el piso y la corta a la mitad, el padre asombrado le pregunta:

¿Y esa tijera para que es hijo, porque estas cortando la cobija a la mitad si solo vendrá tu abuelo?

A lo que el niño le responde mirándolo fijamente y con los ojos humedecidos en lagrimas.

_Estoy cortando la cobija en dos partes, porque una es para dársela a mi abuelo como me pediste y la otra, es para cuando yo sea grande y tu me toques a la puerta.

La enseñanza de esta fabula es que:

Lo que uno hagas con tus hijos se nos va a regresar, no olviden nunca el gran sacrificio que nuestros padres hicieron por nosotros.

Y si no fue así, entonces

perdónenlos desde el corazón.

¡Que dios me los bendiga!

Zona de Reflexiones

Por Alain Pupo

"Tu eres alguien muy especial para tus hijos, no los dejes solos"

FABULA # 15

"*El buey*"

Esta es una fabula que sucede día tras día.

En una finca se encontraban diferentes animales, pero había uno que se estaba separado de los demás y ese solitario era un buey fuerte y grande.

Este Buey se percato que siempre que el dueño de la

finca llegaba, había un perrito
chiquitico que vivía en la
casa que salía corriendo y le
brincaba encima al hombre y
el se tiraba en el piso jugando
con el dándole caricias y
galleticas.
Y de esa manera pasaban los
días y el buey pensaba en que
debería hacer para tener los
beneficios de aquel perrito.

Y de tanto pensar decidió
que la mejor manera seria
comportándose como aquel
juguetón perrito.

Y así lo hizo, al próximo día
cuando el amo llego a la finca
el buey brinco la cerca y se le
paro al amo en dos patas,
tumbándolo en el piso, auto
seguido le empieza a pasar la

lengua por la cara y le cae encima partiéndole el brazo y ocasionándole muchas heridas corporales.

El amo toma la decisión basado en la conducta del animal de ordenar a que encierren al buey, que lo maten, lo hagan bistec y se lo coman.

Con esta fabula lo que les quiero transmitir es que cada cual es como tiene que ser, no imiten ni quieran ser igual que otros.

¡Que dios me los bendiga!

Zona de Reflexiones

Por Alain Pupo

"Cada persona tiene su propio encanto, por lo tanto, intentar imitar a los demás es faltarle al respeto a quien nos dio nuestra propia esencia"

FABULA # 16

"El valor de un padre"

Esta es una fabula con un nivel de sentimientos muy alto.

Un padre llega a su casa muy cansado después de un largo y extenuante día de trabajo, al entrar al recibidor de su casa se encuentra a su hijo el cual le pregunta:

¿Papi cuanto ganas por

hora?

El padre se molesta y le contesta:

—Eso no me lo ha preguntado ni tu madre, mejor quítate que estoy muy cansado y no tengo tiempo que perder ahora.

Al siguiente día sucede lo mismo, cuando el padre entra a la casa, el niño le pregunta nuevamente:

¿Papi cuanto ganas por hora?

El padre le responde esta ves, pero aun molesto con la indiscreta pero inocente pregunta de su único hijo de 5 años.

*No me molestes mas yo gano $10.00 dólares la hora y trabajo mucho, déjame tranquilo que necesito descansar.*
Y se marcha directamente a su cuarto.

Mas tarde en la noche se da cuenta que había sido bien duro con su hijo y que llevaba dos días respondiéndole de muy mala forma. *Por* la noche cuando el niño estaba dormido el padre apenado se acerca a la cama con ese sentimiento de culpa y le dice:

*Hijo porque llevas dos noches recibiéndome con la pregunta de ¿cuanto* yo gano?

Papa es porque necesito
dos dólares.

El padre introduce su mano
en el bolsillo de su pantalón,
saca el dinero y se lo da
diciéndole:

—Aquí tienes los dos
dólares, mi niño.

A lo que este responde
dando gritos de alegría:

¡Que feliz estoy porque
acabo de completar diez
dólares para comprar una
hora tuya papa y poder
jugar juntos!

L enseñanza de esta fabula

Alain Pupo

es:

Den amor que la vida se va y hay que vivirla lo mejor que se pueda, es muy triste que el amor tenga que pagarse con dinero.

¡Que dios me los bendiga!

Zona de Reflexiones

Por Alain Pupo

"Las cosas mas importantes en esta vida, jamás las podrás comprar con dinero"

ℱ𝒜ℬ𝒰ℒ𝒜 # 18

"𝒮a carpintería"

ℋoy vamos a una carpintería donde se encontraban todas las herramientas en una reunión para elegir al nuevo jefe.

ℛápidamente el martillo se propone muy seguro de que el seria el mejor, pero las otras herramientas le dicen:

𝒩o martillo tu eres muy

fuerte y das mucho golpe,
mejor que sea el tornillo,

Entonces dicen:

No el tornillo no,
porque da mucha vuelta,
mejor que sea la lija...

Entonces responden gritando
las demás:

No, la lija no, es muy
áspera y corroe mucho,
bueno pues que sea la
cinta métrica, no la cinta
métrica no, porque
siempre esta midiendo a
los demás.

En ese momento entra el
carpintero y empieza a hacer
un mueble que deseaba mucho

y al final del día hace una maravilla, era un mueble impresionante, cuando lo termina se queda mirándolo por un rato y luego se marcha.

En eso sale el serrucho y dice:

Se dieron cuenta de algo, el carpintero ha trabajado con nuestras cualidades, con nuestras virtudes, no se ha fijado para nada en nuestros defectos, si nosotros hiciéramos lo mismo siempre podríamos lograr algo así como este mueble.

La enseñanza de esta fabula es que:

No debemos fijarnos en los defectos de las demás, mejor vamos a usar siempre las cualidades y veremos como educaremos a nuestros defectos.

¡Que dios me los bendiga!

Zona de Reflexiones

Por Alain Pupo

"Todos fuimos echo a obra y semejanza de Dios, por lo tanto todos somos sus hijos"

FABULA # 19

"El eco"

Un padre y su hijo se encontraban en la entrada de una cueva y el hijo grita:

—Feo

Y se escucha:

Feo, feo, feo...

Alain Pupo

Grita

Horroroso

Y también se escucha:

Horroroso, horroroso...

Malo
Malo, malo, malo...

Entonces el hijo le dice al
padre:

_¿Papa escuchas eso?

¿Y para que gritas tanto
hijo mío?

_Es que quiero escuchar
el sonido como se
regresa...

En ese momento el padre le
dice:

Vamos a hacer algo,
grita esto que yo te voy
a decir al oído:

Lindo

El niño grita:

Lindo

Entonces se escucha:

Lindo, lindo, lindo...

Bonito

Bonito, bonito, bonito...

Maravilloso

*Maravilloso,
maravilloso, maravilloso*

En ese momento el padre le
dice:

*Ves hijo esa es la boca,
es el túnel que te lleva a
Dios y eso es lo que el
te va a regresar si tu te
pasas la vida diciendo y
pensando cosas feas,
cosas feas regresan para
ti, vamos a hacer algo,
vamos a pensar cosas
buenas, bonitas para que
el eco constantemente te
las esté mandando de
vuelta.*

Ese es el mensaje de esta
fabula:

Refléjate en cosas bellas, que construyan.

¡Que dios me los bendiga!

Zona de Reflexiones

Por Alain Pupo

"Todo lo que uno hace en esta vida, tiene consecuencias"

"EN ESTE MOMENTO
ESTAS RECIBIENDO
UNA BENDICION MUY
GRANDE DE DIOS"

FABULA # 20

"Alejandro el grande"

Hoy voy a recordar un pasaje de Alejandro el grande.

Alejandro sabia que en cualquier momento moriría y decide preparar su camino al cementerio sagrado, ordenándole a sus hombres tres deseos:

_El primero, quiero que todos los médicos que me han atendido en la vida, carguen mi féretro.

_El segundo, que de mi casa al cementerio pongan mi riqueza y todo mi tesoro en el camino.

_Y el tercero, quiero que mis manos queden afuera del féretro.

Le pregunta uno de sus mas reales fieles:

¿Alejandro y por que pides esas cosas?

_Los médicos es para que se den cuenta que uno está aquí en esta

tierra de pasajero y que
si llegas es porque te
tienes que ir.

El segundo es para que
se den cuenta que la
riqueza que uno acumula
se quedan aquí.

Y la tercera es por si
no me han entendido bien,
es que uno se va como
mismo llegó, con las
manos vacías.

La enseñanza en esta
historia es:

Vamos a disfrutarlo todo en
esta tierra, vamos a ser
felices que para eso estamos.

¡Que dios me los bendiga!

Zona de Reflexiones

Por Alain Pupo

*"Lo único que le podremos
enseñar a Dios cuando llegue
el momento del encuentro,
será la alegría que sentiste por
vivir"*

Dedico este libro a mi
mejor amigo:

A . D

Quiero que sepas que no hay
un día de mi vida en el
cual no piense en ti,
recuerdo cuantas cosas
pasamos juntos y tu nunca
me fallaste, gracias por
haberme sido tan fiel a mi
y a mi familia, gracias por
cada plato de comida que
compartiste conmigo,
gracias por cada vez que me
dabas dinero y después yo
notaba que era el único que
tenías.

Fuiste y siempre serás mi
mejor amigo y si algún día
tienes ganas de conversar o
darte un trago, solo

búscame que yo te estaré
esperando.

Te mando un beso grande a
nombre mío, de mi esposa y
mis hijas y salúdame a los
que extraño.

Alain Pupo.

Alain Pupo

CONFIANZA

En Concorde Land Title encontraras el mejor equipo de
profesionales que te ayudara en la compra o venta de tu
propiedad en la Florida. Visitanos o llamanos ya!
Concorde Land Title Services
134 S Dixie Hwy Suite 100
Hallandale Beach, FL 33009
305-356-8403 o 954-658-6010

CONCORDE
LAND TITLES SERVICES, INC

(954) 658-6010

Alain Pupo

RESPETO

CONCORDE
LAND TITLES SERVICES, INC

(305) 356-8403

Q
U
E

DIOS

M
E

LOS ILUMINE

A

T
O
D
O
S

Made in the USA
Charleston, SC
09 July 2016